QUESTIONS DU TEMPS PRÉSENT

Colonel LYAUTEY

DU

ROLE COLONIAL

DE L'ARMÉE

Armand Colin & Cie, Éditeurs

5, rue de Mézières, Paris

Envoyé par l'auteur
Reçu le 15 Mars 1900

Réserve in 8° B 10

+ Soc. géogr. 8° B 10 Rés.

Lyautey (Maréchal Hubert-Louis)
Colonel Lyautey. Du rôle colonial
de l'armée. — Paris, A. Colin, 1900.
In-16, 41 p.
(Questions du temps présent.)
(Dédicace autogr. de l'auteur. Marque Timbre
du prince Roland Bonaparte.)

2.14

Envoyé par l'auteur

fiches analytiques :   Armée
                        Colonies

                       Colonies
                        Armée

détails complémentaires : dédicace sur la page de faux-titre :
« à S.A.I. Monsei-
gneur le Prince Roland Bonaparte / Respectueux hommage / [signature]. »
            au v° de la couverture
Au-dessous de la marque du prince, note ma-
nuscrite : « Envoyé par l'auteur / Reçu le
15 mars 1900 »

à la B.N.
8° Lf¹⁹⁵. 1104

Reserve Tu for R 10

214

*à S. A. I.
Monseigneur le Prince Roland
Bonaparte* *Respectueux hommage*

[signature]

DU RÔLE COLONIAL

DE

L'ARMÉE

6558-1900. — Corbeil. Imprimerie Éd. Crété

QUESTIONS DU TEMPS PRÉSENT

Colonel LYAUTEY

DU ROLE COLONIAL

DE

L'ARMÉE

Armand Colin & Cie, Éditeurs

Paris, 5, rue de Mézières

1900

Tous droits réservés.

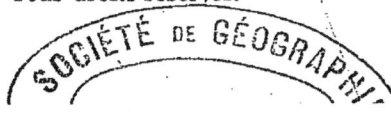

DU ROLE COLONIAL

DE

L'ARMÉE

Le titre de cette étude : *Du Rôle colonial de l'armée*, éveillera peut-être la pensée qu'il s'agit ici d'un plaidoyer exclusif en faveur du régime militaire aux colonies.

C'est au-devant de cette pensée, la plus éloignée qu'il se puisse de notre esprit, que nous voudrions aller tout d'abord.

La suite de ces quelques pages montrera que l'emploi de la force armée dans les entreprises coloniales, tel que nous le concevons, tel que la pratique l'a déjà sanctionné, peut être appliqué, quelle que soit la formule du régime, — à moins que l'on ne suppose des colonies sans force armée, ce qui est, tout le monde l'admettra, au moins prématuré.

Du reste, si cinq années d'expériences coloniales nous ont appris quelque chose, c'est à coup sûr le plus complet éclectisme quant à l'*étiquette* du régime.

Le besoin des formules théoriques et l'amour des systèmes étant un des apanages de nos compatriotes, il suffit que la conversation s'ouvre entre « coloniaux » d'habits différents, pour aboutir presque toujours à une discussion passionnée sur les mérites respectifs du régime militaire ou du régime civil.

Or il ne nous semble pas que la question se pose ainsi sous la forme d'un dilemme.

Il est du reste à remarquer que la discussion en arrive très vite à des questions de personnes, chacun tirant argument à l'appui de sa thèse du gouverneur X... ou du gouverneur Y..., et ainsi, sans le vouloir, adversaires et partisans de chacun des deux systèmes apportent leur témoignage à la formule de notre choix. Et, en effet, c'est qu'aux colonies, c'est bien moins la question de l'étiquette du régime qui importe que celle des « hommes ». C'est que, si, dans la métropole, les administrations, traditionnellement organisées, fonctionnent automatiquement et peuvent à la rigueur se passer d'hommes, — quelque temps, — aux colonies, au contraire, où l'imprévu est la règle et où la décision est la nécessité quotidienne, une formule domine toutes les autres, c'est *the right man in the right place.*

Or l'habit ne fait pas le... *right man*. Et, que

l'habit du chef soit civil ou militaire, la chose est indifférente une fois l'homme bien choisi, — pour cette raison qu'il n'y a pas deux manières (j'entends bonnes) d'exercer le commandement colonial ; il y en a une ; et celle-là exige des qualités qui sont à la fois militaires et civiles,— ou, plus exactement, administratives.

Quelles sont donc les qualités caractéristiques du *chef* militaire ?

Est-ce seulement de savoir commander l'exercice et de connaître la lettre des règlements ? Ou bien est-ce le don naturel du commandement, la décision, l'activité communicative, la promptitude du coup d'œil, le sang-froid dans le péril ? Et, si elles sont telles, ne sont-elles pas nécessaires au chef colonial civil aussi bien qu'au militaire ?

Et quelles sont les qualités qui doivent distinguer entre toutes l'administrateur colonial ?

Est-ce seulement la connaissance méticuleuse des décrets et circulaires, le souci scrupuleux de leur stricte application, est-ce le fétichisme du *tchin*, qui existe ailleurs qu'en Russie, l'état d'âme « fonctionnaire », en un mot ? Ou bien est-ce l'initiative, la soif des responsabilités, l'appel constant au bon sens, la passion du mieux, l'interprétation la plus large, la plus libérale des règlements et la volonté d'en subordonner la lettre à l'esprit ! Et dira-t-on que de telles qualités sont moins nécessaires au chef militaire qu'au chef civil ?

Est-ce que tout colonial, administrateur ou colon, ne fait pas œuvre de militaire ? Se prémunir contre les revirements toujours possibles chez des populations contenues par une poignée d'Européens, commander ses milices, ses engagés indigènes, n'est-ce pas faire acte de soldat ?

Et le soldat qui organise le pays à mesure qu'il le conquiert, n'est-il pas un administrateur ?

Sont-ce des civils ou des militaires, ces colons, ces agriculteurs qui, dans l'Afrique du Sud, en ce moment même, gagnent des batailles rangées ?

Vainement on cherche la démarcation. La vérité, c'est que la vie du dehors, la mise aux prises constante avec la misère, les obstacles, les périls, la lutte quotidienne contre les hommes et les éléments plongent dans la même trempe tous les tempéraments. De ceux qui ont été soumis à cette rude école, les uns restent au premier tournant, mais des autres résulte un être spécial qui n'est plus ni le *militaire*, ni le *civil*, mais qui est tout simplement le *colonial*.

Et c'est à ce titre qu'il nous sera permis, sans être suspect d'y apporter le moindre « esprit de bouton », d'exposer à grands traits la façon dont le général Galliéni a entendu et appliqué, après d'illustres prédécesseurs dont il a développé les principes et les méthodes, l'utilisation coloniale de l'armée.

I

Voyons d'abord dans ses grandes lignes l'emploi de la force armée pour la *conquête*, tel que l'entend, avec le général Galliéni et quelques-uns de nos chefs coloniaux, l'école qui procède d'eux, — car c'est une école.

Ce mode d'emploi exclut autant que possible (1) la *colonne* proprement dite et y substi-

---

(1) Nous disons « autant que possible » : car il doit être formellement entendu qu'il n'y a ici rien d'absolu. — Il est évident qu'il y a nombre de cas dans les guerres coloniales où l'expédition militaire s'impose, sous sa forme classique et traditionnelle : au début d'une conquête, quand il faut atteindre avant tout un objectif précis, ruiner d'un coup la puissance matérielle et morale de l'adversaire — aux Pyramides, à Alger, à Denghil-Tepé, à Abomey ; — dans la période suivante, lorsqu'il faut atteindre et frapper certains chefs irréductibles, tels Abd-el-Kader, Schamyl, Samory. — C'est à la progression normale de l'occupation dans les hinterlands coloniaux, après le premier coup de force presque toujours nécessaire, que s'applique la méthode qui fait l'objet de cette étude. — Et quand l'expédition militaire proprement dite s'impose, c'est avec toutes les ressources de la tac-

tue la méthode d'*occupation progressive*. Cette méthode peut se formuler ainsi :

« L'occupation militaire consiste moins en opérations militaires qu'en une organisation qui marche. »

Le système repose sur trois organes essentiels : le *territoire*, le *cercle*, le *secteur*.

Il présente une différence fondamentale avec notre ancien organisme d'administration par les militaires, les bureaux arabes, — auxquels il fait d'ailleurs de larges emprunts ; — car ce n'est pas ici qu'on trouvera une appréciation malveillante à l'égard de cette institution qui, après des années d'engouement, a subi des jugements sévères, fondés, comme il arrive tou-

tique et de la science modernes, après la plus minutieuse préparation, avec la dernière vigueur, qu'elle doit être menée. — C'est la meilleure manière d'économiser le temps, les hommes, l'argent. Il est essentiel qu'il n'y ait sur ce point aucun malentendu. Du reste, puisque c'est de la méthode appliquée spécialement par le général Galliéni pour l'occupation progressive des pays confiés à son commandement qu'il s'agit ici, ce serait méconnaître singulièrement une part essentielle de son œuvre que d'oublier que, chaque fois qu'il l'a fallu, au Soudan, au Tonkin, en face de l'insurrection de Madagascar, il a débuté par de vraies opérations, par des *colonnes* proprement dites qui ont été d'autant plus courtes et efficaces qu'elles ont été plus scientifiquement combinées, plus puissamment organisées, plus militairement menées. Et, le cas échéant, c'est à cette *ultima ratio* qu'il faut recourir sans hésiter. Nous y reviendrons.

jours, sur des cas particuliers. L'opinion des coloniaux les plus autorisés, sans distinction d'habit, rend aujourd'hui justice à la grande œuvre qu'ils ont accomplie et à leurs glorieux initiateurs : les Bugeaud, les Daumas, les Lamoricière, les Du Barail, dont nous tenons à honneur de nous réclamer. Mais les bureaux arabes étaient constitués par un corps d'officiers spécial, uniquement administrateurs, distincts du commandement des troupes. Or la disposition constante et directe de la force armée est d'obligation dans ces immenses pays coloniaux, où il faut assurer la sécurité avec une poignée d'hommes en face de peuples entiers. Le système des bureaux arabes, en maintenant deux autorités parallèles, créait donc souvent, au lieu de l'unité d'action, un dualisme avec ses inconvénients.

Le système appliqué d'une manière absolue par le général Galliéni repose, au contraire, sur l'identité du commandement militaire et du commandement territorial.

La circonscription minimum, qui est le *secteur*, correspond à la région que peut tenir une compagnie, un peloton, dont le chef, capitaine ou lieutenant, est en même temps le chef du secteur.

Le *cercle*, réunion de plusieurs secteurs et par

conséquent de plusieurs compagnies, correspond à l'action d'un officier supérieur.

Le *territoire* est l'organe supérieur d'action politique et militaire. Son rôle est de fondre l'action particulière des cercles dans l'action d'ensemble, d'empêcher que l'intérêt général ne soit subordonné aux intérêts régionaux. Ce sont de vraies lieutenances du gouvernement général, destinées à mettre en liaison des régions qui s'ignoreraient entre elles, à les faire entrer en relations économiques les unes avec les autres, à coordonner et à faire converger vers un but commun aussi bien les opérations militaires que les travaux de premier établissement. Ils correspondent à l'action d'un colonel.

Nous prévoyons l'objection : tout officier ne convient pas à ce double rôle, et le jeu seul du commandement des unités peut amener à l'administration territoriale des sujets qui n'y auraient aucune aptitude. Cela serait exact si tout corps d'occupation ne comportait pas deux éléments — l'un affecté à cette occupation régionale, l'autre formant les réserves, stationnées dans les grands centres, dans les ports, — ou, si l'on veut, l'un de campagne, l'autre de garnison. Le second est tout préparé pour recevoir les officiers à qui le rôle d'administrateur ne convient pas ou qui ne conviennent pas à ce rôle. Néanmoins, il y a un intérêt de premier ordre à ce que, le commandement territorial, avec les hautes responsabilités politiques et morales qu'il comporte, ne soit pas à la merci d'un choix arbitraire, d'un « tour de service, » à ce que, en un mot, il échoie toujours au *right man*. Aussi a-t-on formulé le vœu que, dans la future armée coloniale, la désignation des cadres destinées au double commandement militaire et territorial fût entourée de garanties spéciales. Un des derniers gouverneurs généraux de l'Indo-Chine, M. Rousseau, avait vivement senti cette nécessité et, quand la mort l'a surpris prématurément, il se proposait d'étudier, de concert avec l'autorité militaire, les mesures nécessaires pour assurer à ce cadre une fixité relative et un recrutement d'élite.

L'un des caractères essentiels de cette organisation, telle que nous l'avons vu spécialement appliquer par le général Galliéni, c'est qu'elle ne suit pas l'occupation du pays, mais la précède.

Aussitôt l'occupation d'un territoire nouveau résolue pour des raisons politiques ou administratives, nous ne l'avons jamais vue procéder « par colonne en coup de lance » contre un objectif plus ou moins militaire, le souci de l'organisation restant réservé jusqu'à l'issue de l'opération ; au contraire, tous les éléments de l'occupation définitive et de l'organisation sont assurés d'avance ; chaque chef d'unité, chaque soldat sait que le pays qui va lui échoir sera celui où il restera, et chefs et troupes sont formés en conséquence. Et ainsi l'occupation successive dépose les unités sur le sol comme des couches sédimentaires. C'est bien une *organisation qui marche*.

C'est une méthode sans grands coups d'éclat, plutôt de cheminements que d'assauts, qui n'aboutit qu'exceptionnellement à une « grosse affaire » ; aussi fut-elle à l'origine peu sympathique aux chercheurs d'aventures.

Déjà, elle avait été présentée et défendue dans un rapport adressé en 1895 par le général commandant en chef le corps d'occupation au gouverneur général de l'Indo-Chine ; il convient ici de signaler un passage de ce document :

... Je vous demande la permission de préciser cette méthode et de répondre une fois pour toutes à la plus spécieuse des objections qui lui sont couramment opposées et qui se formule ainsi :
Cette méthode donne des résultats illusoires parce qu'elle ne détruit pas les bandes, les refoule simplement à l'extérieur, d'où elles reviennent, à moins qu'elle ne les rejette dans les territoires voisins de ceux où elle

est appliquée. *L'œuvre est donc sans cesse à recommencer.*

J'estime que ce raisonnement part d'une fausse appréciation des conditions de formation et d'établissement des bandes pirates.

En premier lieu, l'expérience du passé démontre qu'on arrive rarement, sinon jamais, à la destruction par la force d'une bande pirate. Dans la chasse à courre que représente la poursuite d'une bande déterminée, tous les avantages restent du côté de l'adversaire avec une évidence telle qu'il est superflu de la détailler ici; et un résultat toujours partiel ne s'obtient qu'au prix de fatigues, de pertes, de dépenses, qui ne sont certes pas compensées par le succès.

En second lieu, il ne faut pas perdre de vue que le « pirate » est, si je puis m'exprimer ainsi, « une plante qui ne pousse qu'en certains terrains », et que la méthode la plus sûre, c'est de lui rendre le terrain réfractaire.

Il n'y a pas de pirates dans les pays complètement organisés; en revanche, il y en a, même en Europe, sous d'autres noms, dans les pays tels que la Turquie, la Grèce, l'Italie du Sud, qui n'offrent qu'une voirie incomplète, une organisation administrative rudimentaire, ou une population clairsemée. Si j'ose continuer ma comparaison, je dirai que, lorsqu'il s'agit de mettre en culture une partie d'un terrain envahi par les herbes sauvages, il ne suffit pas d'arracher celles-ci sous peine de recommencer le lendemain, mais qu'il faut, après y avoir passé la charrue, isoler le sol conquis, l'enclore, puis y semer le bon grain qui seul le rendra réfractaire à l'ivraie. De même de la terre livrée à la piraterie; l'occupation armée, avec ou sans combat, y passe le soc; l'établissement d'une ceinture militaire l'enclôt et l'isole ; enfin la reconstitution de la population, son armement, l'installation des marchés et des cultures le percement des routes, y sèment le bon grain et rendent la région conquise réfractaire au pirate, si même ce n'est ce dernier qui, transformé, coopère à cette évolution.

En exposant cette méthode à M. le gouverneur général Rousseau, le général Duchemin, commandant en chef le corps d'occupation, trouvait à qui parler. Rien ne le prouve mieux que le passage suivant d'une lettre où, à son tour, M. Rousseau donnait au gouvernement métropolitain les grandes lignes du système tel qu'il était appliqué au Tonkin :

La mission que remplit aujourd'hui notre corps d'occupation consiste avant tout à assurer la protection de la frontière et à procéder à la reconstitution sociale et à la remise en valeur de la haute région du Tonkin, organisée en territoires militaires, les expéditions et l'emploi de la force passant au dernier plan.

En arrière de la frontière existe une vaste région ravagée par vingt ans de piraterie, terrain vague qui constitue un danger constant s'il reste à l'état inorganique, véritable matelas de protection au contraire s'il se reconstitue, se repeuple, si les voies de communication s'y rouvrent, si la culture y renaît.

Or à cet objet convient merveilleusement la méthode de *colonisation militaire* pratiquée sous l'impulsion du général Duchemin. Cette méthode consiste à couvrir le pays d'un réseau serré de *secteurs* à chacun desquels correspondent des unités militaires réparties en postes, constituant autant de noyaux de réorganisation locale sous la direction d'un personnel essentiellement dévoué et intègre et formant ainsi une « population provisoire » à l'abri de laquelle se reconstituent la population réelle et la remise en exploitation du sol.

Certains territoires témoignent déjà de l'efficacité de cette méthode, l'évidence des résultats qui y ont été obtenus est une des choses qui m'ont le plus frappé à mon arrivée au Tonkin. Cette méthode a fait ses preuves ; hors d'elle, il n'y a, vis-à-vis de la piraterie, que compromissions louches ou expéditions onéreuses et inefficaces.

Qu'il nous soit permis de rendre hommage en passant à l'œuvre de ces deux grands chefs, le gouverneur général Rousseau et le général Duchemin, dont l'intime et féconde collaboration assura d'une manière décisive la destruction de la grande piraterie au Tonkin.

Or, nous le répétons, cette méthode est la négation de la grosse colonne proprement dite, de celle qui, pour ainsi dire, devient le but, au lieu de rester le moyen, qui traverse sans s'y arrêter, droit sur un objectif presque toujours fuyant, un pays qu'elle épuise d'autant plus *qu'aucun de ceux qui le conquiert n'est directement intéressé à sa préservation.*

Mais, si au contraire, toute troupe jetée dans un pays neuf est celle qui doit y séjourner, y habiter, le *coloniser* ; si son chef est celui qui doit le *susciter*, quelle différence ! Et nous aboutissons alors à cette formule qui, prenant une bien autre portée, ne s'applique plus seulement à des actions de détail, mais peut s'appliquer à toute guerre de conquête coloniale.

« Une expédition coloniale devrait toujours être dirigée par le chef désigné pour être le premier administrateur du pays après la conquête. »

Oh ! c'est qu'alors la route qu'on poursuit, le pays qu'on traverse vous apparaissent sous un tout autre angle !

Qu'on excuse ici un souvenir personnel. Dans une de mes premières expéditions, étant au bivouac sur la rivière Claire, j'appris qu'un des jeunes officiers présents avait débuté sous l'un des chefs qui avaient laissé au Tonkin la trace la plus profonde, le colonel P..., et dans mon zèle de débutant, je ne voulais pas laisser échapper cette occasion d'apprendre quelque chose sur sa méthode et sur son œuvre. « Oh ! me fut-il répondu, le colonel P..., j'ai marché avec lui. Au combat, il se préoccupait bien moins de l'enlèvement du repaire que du marché qu'il y établirait le lendemain. » Sans le vouloir, ce jeune homme, qui croyait faire une critique, avait trouvé la formule de la guerre coloniale, car *lorsqu'en prenant un repaire, on pense surtout au marché qu'on y établira le lendemain, on ne le prend pas de la même façon.*

Et lorsqu'on conquiert avec cet état d'esprit, certains mots ne gardent plus exclusivement leur signification militaire :

La route, alors, n'est plus seulement la « ligne d'opérations », la « route d'invasion », mais la voie de pénétration commerciale de demain. Tel plateau, aux bonnes communications, aux abords faciles, ne vaut plus seulement comme position stratégique ou tactique, mais comme centre de relations économiques, comme emplacement d'un marché prochain, et tout s'y fait en conséquence. Telle riche plaine n'est plus seulement un point de ravitaillement militaire, mais un centre de ressources et de cultures à ménager, à gérer immédiatement en bon père de famille.

Et cela va du grand au petit.

Croit-on que lorsque chaque soldat sait que le village qu'il aborde sera celui qui va devenir sa garnison pendant des mois ou des années, il le brûle volontiers ? que ses rizières le nourriront, il les détruise ? que ses animaux seuls lui donneront sa viande, il les gaspille ? que ses habitants seront ses aides, ses collaborateurs de demain, il les maltraite ? Non.

Du reste, les traits généraux de cette politique ont été magistralement exposés dans les instructions fondamentales du général Galliéni, en date du 22 mai 1898 :

Le meilleur moyen pour arriver à la pacification dans notre nouvelle colonie est d'employer l'action combinée de la force et de la politique. Il faut nous rappeler que dans les luttes coloniales nous ne devons détruire qu'à la dernière extrémité, et, dans ce cas encore, ne détruire que pour mieux bâtir. Toujours nous devons ménager le pays et les habitants, puisque celui-là est destiné à recevoir nos entreprises de colonisation future et que ceux-ci seront nos principaux agents et collaborateurs pour mener à bien nos entreprises. Chaque fois que les incidents de guerre obligent l'un de nos officiers coloniaux à agir contre un village ou un centre habité, il ne doit pas perdre de vue que son premier soin, la soumission des habitants obtenue, sera de reconstruire le village, d'y créer un marché, d'y établir une école. C'est de l'action combinée de la politique et de la force que doit résulter la pacification du pays et l'organisation à lui donner plus tard.

L'action politique est de beaucoup la plus importante. Elle tire sa plus grande force de l'organisation du pays et de ses habitants.

Au fur et à mesure que la pacification s'affirme, le pays se cultive, les marchés se rouvrent, le commerce reprend. Le rôle du soldat passe au second plan. Celui de l'administrateur commence. Il faut d'une part étudier et satisfaire les besoins sociaux des populations soumises : favoriser d'autre part l'extension de la colonisation qui va mettre en valeur les richesses naturelles du sol, ouvrir les débouchés au commerce européen.

Et pour terminer ces citations par cette dernière qui en résume l'esprit :

Les commandants territoriaux devront comprendre leur rôle administratif de la façon la moins formaliste. Des règlements, surtout aux colonies et en matière économique, ne posent jamais que des formules générales prévues pour un ensemble de cas, mais inapplicables souvent au cas particulier. *Nos administrateurs et officiers doivent défendre au nom du bon sens les intérêts qui leur sont confiés et non les combattre au nom du règlement.*

II

Voilà pour la première période : conquête, occupation, pacification.

Voyons ce que devient la méthode, en quoi consiste le rôle colonial de l'armée dans la période suivante, dans la vie normale du pays pacifié.

Ici encore, il n'y a qu'à laisser la parole aux instructions du 22 mai 1898 :

Le soldat se montre d'abord soldat, ainsi qu'il est nécessaire pour en imposer aux populations encore insoumises; puis, la paix obtenue, il dépose les armes. Il devient administrateur...

Ces fonctions administratives semblent incompatibles, au premier abord, avec l'idée qu'on se fait du militaire dans certains milieux. C'est là cependant le véritable rôle de l'officier colonial et de ses dévoués et intelligents collaborateurs, les sous-officiers et soldats qu'il commande. C'est aussi le plus délicat, celui qui exige le plus d'application et d'efforts, celui où il peut révéler ses qualités personnelles, car détruire n'est rien, reconstruire est plus difficile.

D'ailleurs, les circonstances lui imposent inéluctablement ces obligations. Un pays n'est pas conquis et pacifié quand une opération militaire y a décimé les habitants et courbé toutes les têtes sous la terreur; le premier effroi calmé, il germera dans la masse des ferments de révolte que les rancunes accumulées par l'action brutale de la force feront croître encore.

Pendant cette période qui suit la conquête, les

troupes n'ont plus qu'un rôle de police qui passe bientôt à des troupes spéciales, milice et police proprement dite; mais il est sage de mettre à profit les inépuisables qualités de dévouement et d'ingéniosité du soldat français. Comme surveillant de travaux, comme instituteur, comme ouvrier d'art, comme chef de petit poste, partout où l'on fait appel à son initiative, à son amour-propre, à son intelligence, il se montre à hauteur de sa tâche. Et il ne faudrait pas croire que cet abandon momentané du champ de manœuvre soit préjudiciable à l'esprit de discipline et aux sentiments du devoir militaire. Le soldat des troupes coloniales est assez vieux, en général, pour avoir parcouru maintes fois le cycle des exercices et n'avoir plus grand'chose à apprendre dans les théories et assouplissements auxquels on exerce les recrues de France.

Les services qu'on réclame de lui, au contraire, entretiennent une activité morale et physique qui est décuplée par l'intérêt de la besogne qui lui est confiée.

En outre, en intéressant ainsi le soldat à notre œuvre dans le pays, on finit par l'intéresser au pays lui-même. Il observe, il retient, il calcule même et, souvent, au moment de sa libération, il sera décidé à mettre en valeur quelque coin de terre, à utiliser dans la colonie les ressources de son art, à la faire bénéficier, en un mot, de son dévouement et de sa bonne volonté. Il devient un des plus précieux éléments de la petite colonisation, complément indispensable de la grande.

Et nos soldats, fidèles à ces instructions, se sont transformés, dans la plus large mesure, en agriculteurs, en ouvriers d'art, en instituteurs.

Dire que cette adaptation s'est faite sans résistance, ce serait méconnaître la persistance des habitudes acquises et l'inertie des mouvements coutumiers. Bien que l'état moral et physique de nos troupes ait été ainsi autrement préservé que par l'oisive routine de la vie des postes, les préjugés régimentaires n'en ont pas moins fait de vigoureux retours offensifs, et il est à souhaiter qu'une réforme de l'organisation de nos troupes coloniales débarrasse le commandement territorial des obstacles qui, dans cet ordre, entravent encore trop souvent son action.

Bref, le but poursuivi par le général Galliéni, c'est l'utilisation coloniale de chaque homme du corps d'occupation conformément à ses aptitudes. Ce qu'il n'admet pas, c'est que la force vive que représente un Français aux colonies reste inemployée. Du jour où le secteur assigné à une compagnie a été pacifié et où le dernier coup de fusil a été tiré, cette compagnie ne représente plus seulement l'unité militaire, mais surtout une collectivité, un réservoir de contremaîtres, de chefs d'atelier, d'instituteurs, de jardiniers, d'agriculteurs, tout portés, sans nouvelles dépenses de la métropole, pour être les premiers cadres de la mise en valeur coloniale, les premiers initiateurs des races que nous avons la mission providentielle d'ouvrir à la voie industrielle, agricole, économique, et, aussi, oui, il faut le dire, à une plus haute vie morale, à une vie plus complète.

Et combien cela est facile avec le cher soldat français, redevenu, une fois dispersé par un, par deux, parmi les villages malgaches, le paysan de France, l'ouvrier de France, avec tout ce que ces mots comportent de qualités d'ordre, de prévoyance, d'ingéniosité et aussi d'endurance, de cordialité, de belle humeur.

Ah ! cette idée audacieuse de la dispersion de nos hommes à travers les populations indigènes, tolérée, que dis-je préconisée, ordonnée par le général Galliéni, que n'en avons-nous pas entendu dire par les gardiens des rites sacrés !

Or, les faits sont là.

Il me souvient d'avoir trouvé, dans un poste où je comptais établir le siège d'un commandement important, une compagnie d'infanterie de marine, épuisée par les trois années de campagne et d'insurrection, anémiée, oisive, incapable de fournir un service actif, mais d'ailleurs concentrée dans la main de son chef et accomplissant les rites métropolitains aux heures traditionnelles du tableau de service. Il était visible que ces hommes, à 3000 lieues de leur village, mal abrités, inoccupés, périssaient d'ennui, de spleen et de mal du pays. Malgré les objections tirées de l'état de santé de ces hommes, de l'impossibilité qui en résultait de les livrer à eux-mêmes, loin de l'infirmerie et de la surveillance, de leur état de dépression, de la nécessité de les avoir sous la main, je les ai dispersés sur l'heure. Ils se sont transformés en contremaîtres d'une école professionnelle, en chefs d'exploitation agricole, en jardiniers, en constructeurs de routes, et, deux mois après, à ce ramassis d'infirmes s'était bien réellement substituée une compagnie prête à se rassembler au coup de sifflet, l'œil clair, le jarret sec, l'allure dégagée et le fusil prêt. C'est que chacun d'eux, en face d'une responsabilité et d'une initiative, s'était ressaisi : qu'ils avaient retrouvé *une raison de vivre*.

Et cela fut l'histoire de la plupart des compagnies.

D'autre part, cette dispersion entraîne une autre conséquence, c'est que le soldat, au contact immédiat du pays, s'y attache et souvent y reste.

A Madagascar, la petite colonisation par le soldat *libérable* (et non libéré) donne lieu à une expérience intéressante et jusqu'ici satisfaisante, bien que très localisée encore. Le soldat désireux de se fixer dans la colonie, et présentant d'ailleurs toutes les garanties, reçoit une concession dès sa dernière année de service et est mis en mesure d'en commencer immédiatement l'exploitation. Il est déjà acclimaté, connaît le pays, la langue, les ressources, a traversé aux frais de l'État la période de tâtonnements toujours si critique. Souvent, comme chef de poste ou chef d'exploitation, il a déjà eu l'occasion d'expérimenter les méthodes. En lui attribuant une concession, tandis qu'il est encore au service, tandis que l'État pourvoit encore à ses besoins et en lui faisant des avances de semences et de matériel, on l'amène graduellement à sa libération, qui coïncide avec le moment où il entre de plain-pied dans la période de rendement utile de son exploitation. Plusieurs de ces tentatives ont déjà eu plein succès sur le plateau central.

C'est la tradition du maréchal Bugeaud, mais modifiée sur un point essentiel. Il ne s'agit plus ici de « villages militaires », où tous les travaux de la vie rurale ou de la vie domestique étaient réglés au son du tambour : ceux-ci, au contraire, ont le stimulant de l'initiative, de l'intérêt personnel et de la responsabilité individuelle.

En échange de ces avantages, ils doivent à l'État (1), pendant trois ans, leur concours pour le maintien de la sécurité du pays et forment, avec leurs engagés, de petits corps de partisans ; ils sont à l'égard des indigènes de vrais agents de surveillance et de direction.

Pour que l'expérience présentât toutes les garanties de succès et de durée, il faudrait qu'ils pussent se marier avec des femmes françaises. La *ménagère* n'est guère un produit exotique et pourtant, ainsi que le mot l'indique, elle est, pour la réussite d'une exploitation, un élément essentiel. En outre, le métis est une mauvaise solution. Ce sont de vrais enfants de France dont il faut semer la race en Émyrne. Cette nécessité de faciliter le mariage à nos colons n'est pas passée inaperçue. Le comte d'Haussonville a parlé ici même (2) de l'œuvre fondée par Mme Péjard : la *Société d'émigration des femmes*, inspirée de la grande œuvre anglaise « *United British Women emigrations association* ». Qu'il s'agisse de créer une émi-

---

(1) Arrêté du 23 avril 1899.
(2) *Revue des Deux Mondes* du 15 juin 1898.

gration féminine ou d'obtenir de l'État des congés sans frais qui permettent à nos soldats libérables de venir se marier en France, l'essentiel est de réussir. Et si le problème trouve sa solution, si l'administration met tout en œuvre pour la faciliter, on est en droit de prévoir sur ce plateau central si sain de Madagascar la formation d'une race de petits colons de bon sang français, trempés, habitués à peu, tenant à ce sol qu'ils auront mis en œuvre, ayant gardé l'habitude héréditaire du fusil. Et, qui sait, ce sont peut-être des Boers français que l'on préparerait ainsi !

Nous n'avons envisagé jusqu'ici que l'emploi colonial des troupes européennes. Sans remplir le même rôle, certaines troupes indigènes peuvent être, elles aussi, largement utilisées. C'est ainsi que, dans le haut Tonkin, les postes de tirailleurs tonkinois autour desquels se groupaient leurs familles, ont été, dans les régions dévastées par la piraterie, les premiers agents de reconstitution locale. Ils y ont formé, comme l'indiquait la lettre de M. le gouverneur général Rousseau, précédemment citée, « une population provisoire à l'abri de laquelle se reconstituaient la population réelle et la remise en exploitation du sol ». C'est ainsi qu'à Madagascar, des postes de tirailleurs hovas, établis sur de grandes voies de communication, traversant des régions désertes, ont été transformés en villages militaires avec concession de de terres en toute propriété, afin d'y créer des noyaux de repeuplement et des centres de ressources (1).

On s'élève souvent contre la charge onéreuse que présente pour la métropole l'entretien des corps d'occupation. On admet d'ailleurs que le moment ne semble pas précisément favorable à leur réduction. L'utilisation coloniale de ces corps ne donne-t-elle pas le meilleur moyen de ne pas les laisser à l'état de force improductive?

Il est facile de se rendre compte de l'écono-

---

(1) Décision du général Galliéni, du 20 janvier 1898, affectant une compagnie de tirailleurs malgaches à la route de Majunga : « ... Considérant qu'il est utile de repeupler une route d'étapes importante en y créant des ressources pour les voyageurs et que cet essai de colonisation militaire, déjà expérimentée avec succès dans d'autres colonies françaises et étrangères, est particulièrement intéressant au point de vue du repeuplement des parties actuellement désertes de l'île ; — Considérant que cette organisation, en créant des intérêts à la troupe contribue à l'amélioration de son état physique et moral dans des régions éloignées de tout centre de population... décide... »

mie que représente, pour les budgets coloniaux ou métropolitains, un tel emploi de nos soldats s'il est partout compris et pratiqué. A Madagascar, une centaine d'écoles où les petits Hovas commencent à parler couramment le français, organisées et dirigées par nos soldats ; des écoles professionnelles où les soldats contremaîtres ont formé des ouvriers, des chefs d'atelier même, parmi les indigènes dans des régions où il n'y avait aucune industrie, aucun ouvrier d'art ; des fermes-écoles où, sous la direction de soldats, s'apprend l'usage de nos instruments aratoires, où se fait l'expérimentation de nos graines et de nos cultures, et enfin les routes, les ponts, les constructions, dont les chefs de chantiers, les maçons, les briquetiers sont encore et toujours des soldats.

On se demande, ou plutôt la question est résolue, par cela même qu'elle est posée, comment, avec les ressources budgétaires à peu près nulles dont disposaient les commandants de cercles, une telle œuvre aurait pu être réalisée, si, à défaut du réservoir militaire, il avait fallu faire venir de France à grands frais ce personnel.

Que quelques abus puissent se produire parfois de la part des soldats ainsi livrés à eux-mêmes, c'est incontestable. Il n'y a point d'institution humaine qui n'ait son revers, et qui résiste à l'examen des cas particuliers. L'argument est trop facile ; et il appartient à l'autorité de réprimer avec la dernière rigueur les moindres abus, et surtout de les prévenir en choisissant avec quelque soin les hommes ainsi livrés à eux-mêmes. En tout cas, inconvénients pour inconvénients, le système inverse, qui laisse les hommes périr dans les postes d'oisiveté et de spleen, en a bien d'autres.

Ce qu'il faut voir, c'est l'ensemble et le résultat.

Reste la grande objection, celle à laquelle ont déjà répondu les instructions du 22 mai 1898 du général Galliéni, celle que les opposants ne cessent d'invoquer, le cliché de la « démilitarisation ». On l'applique aussi bien aux officiers qu'aux soldats attelés à la besogne coloniale.

D'abord, jamais on ne nous fera admettre qu'un mode d'emploi qui met en œuvre quotidiennement, à toute heure, toutes les facultés viriles, initiative, responsabilité, jugement, lutte contre les hommes et les éléments, démilitarise... Il « décapoialise » peut-être, ce qui n'est pas la même chose.

Je me rappelle, à mon arrivée au Tonkin, tout proche encore de la douce vie de la métropole, encore accoutumé au confortable superflu qui devient un nécessaire, quelle impression me fit, à ma première tournée avec le colonel Galliéni sur la frontière de Chine, la rude vie des jeunes officiers chefs de poste. J'en revois un, à peine sorti de Saint-Cyr, habitué en France à une existence aisée et distinguée, élégant et charmant, qui, pour recevoir le colonel au poste perdu où il vivait seul Français avec ses trente tirailleurs, avait mis sa plus belle tenue, correct, ganté, comme pour le bal, et tandis que, évoquant avec lui le souvenir de ses camarades de la cavalerie, où il eût pu entrer, et des brillantes garnisons suburbaines, je ne pouvais m'empêcher de remarquer et sa vie sévère loin des choses familières et aimées, et sa belle humeur : « Mais, fit-il vivement, je ne m'ennuie pas un instant : avec le soin de mes hommes, la reconstitution de ces rizières à peine reprises à la piraterie, mes briqueteries, mes constructions, mon marché, mes règlements de comptes avec le poste chinois d'en face, la topographie de la région, mes journées sont trop courtes ! »

Un an après, presque jour pour jour, sur la haute rivière Claire, dans les grands combats livrés par le colonel Vallière et si heureusement terminés par la destruction de la grande piraterie chinoise, il tombait, frappé en plein cœur, debout derrière sa ligne de tirailleurs déployés, en commandant le dernier feu de salve de la journée, après avoir combattu tout le jour. S'était-il démilitarisé, celui-là?

Ses compagnons l'ont enseveli dans un grand drapeau tricolore sous les plis duquel il dort là-bas, sur la frontière de Chine. J'ai revu sa tombe quelques mois après, parmi des rizières mûres, auprès d'un marché ressuscité, dans ce coin de terre que, depuis vingt ans de piraterie, toute vie avait quitté.

Il n'était pas mort pour rien. Et c'est la grandeur de la guerre coloniale ainsi comprise, c'est qu'elle seule fait de la vie.

Et si des humbles je passe à ceux qui sont déjà, tout vivants, entrés dans la légende, était-il démilitarisé par trois années de brousse le jeune chef qui, de l'Oubanghi au haut Nil, obtenait de ses officiers, de sa troupe, les prodiges d'énergie presque surhumaine que chacun sait? Avait-il, loin du contact des écoles, perdu un atome de sa prudence, de son jugement, l'homme qui savait dire au sirdar égyptien les paroles mesurées et fermes dont notre patriotisme vibre encore?

Il y a dix ans, descendant le bas Danube jusqu'à son embouchure, je rencontrai à Soulina sir Charles Hartley, le grand ingénieur qu'en 1856 la commission de navigation du Danube avait appelé, tout jeune, à rendre à la navigation le grand fleuve qui depuis l'origine des temps se perdait dans les marais. Il s'était d'abord installé dans un abri de pêcheurs sur pilotis ; toute sa vie, lutte de trente années contre la fièvre, contre les obstacles, contre la nature, avait été vouée à cette grande œuvre et maintenant, à cette même place où il n'y avait jadis que quelques huttes misérables, il y avait une ville et un port, et les plus grands bateaux suivaient ce bras du fleuve que franchissaient seules autrefois des barques de faible tonnage, et je regardais, — avec quelle émotion ! — cet homme, vieillard aujourd'hui, qui pouvait s'endormir, sa bonne tâche accomplie, après avoir appelé à la vie ce grand fleuve inutilisé depuis l'origine du monde, l'avoir *délié* pour ainsi dire, — et il me semblait qu'il ne pouvait y avoir de vie plus noblement remplie.

Je ne pensais guère alors que, plus tard, je verrais, vivant de leur vie, des chefs coloniaux pétrir de leurs mains créatrices des terres en friche pour en faire des rizières, des vallées endormies pour en faire des artères de vie, donner le coup de baguette qui met en œuvre un coin du vaste champ offert à l'activité de l'homme. Quelle plus noble tâche pour l'homme d'action. Celui qui a trempé ses lèvres à cette coupe en garde à jamais le goût ! Quel plus noble emploi pour la force armée, avec celui de défendre le sol natal, que de préparer, d'assurer et de développer de telles conquêtes !

III

Mais pour une telle œuvre, il faut une *armée coloniale*, qui soit vraiment une *armée coloniale* et non pas seulement de *l'armée aux colonies*, ce qui n'est pas la même chose.

Nous nous garderons bien de rouvrir ici la moindre discussion sur le mode de rattachement de la future armée coloniale. La question est nettement posée devant les Chambres. Pour nous, la discussion est close. Du reste, c'est peut-être la question qui importe le moins. La loi projetée est large, libérale, souple, et elle a l'inappréciable avantage d'apporter une solution à une question qui ne peut rester plus longtemps en suspens. Elle ne pose que quelques principes et prévoit aussi peu que possible les moyens d'application. Or, tant vaudront ceux-ci, tant vaudra la loi.

C'est dans leur prévision que nous croyons opportun de poser quelques-unes des conditions auxquelles il faudra satisfaire pour qu'une armée coloniale puisse remplir la tâche que nous lui voyons assignée.

L'essentiel c'est que, quelle que soit la solution adoptée pour son rattachement, l'armée coloniale ait bien son *autonomie*, qu'elle ne risque pas d'être absorbée, uniformisée dans le grand organisme auquel elle se rattachera. Et que, bien distincte, elle ait aussi des chefs bien distincts chez qui l'idée coloniale et l'adaptation de l'outil à son emploi prime toute autre considération.

Ce qu'il faut souhaiter, c'est que les conditions d'entrée et de sortie y soient réglées de telle sorte qu'elle ne serve pas uniquement de tremplin aux mandarins munis de tous les grades académiques auxquels il ne manque qu'une campagne facile et rapide pour franchir plus rapidement un échelon. Il faut beaucoup redouter les gens qui viennent aux colonies pour y rééditer Austerlitz, — d'abord les colonies ne comportent pas Austerlitz, — et puis, ils sont mal préparés aux besognes patientes, ingrates et obscures qui sont la tâche quotidienne, la seule féconde de l'officier colonial. Ce sera aux règlements d'application qu'il appartiendra d'assurer la constitution d'une « milice sacrée », qui fera, elle aussi, son engagement décennal.

2.

Ce qu'il faut souhaiter, c'est que des dispositions nouvelles abolissent la rigidité des tours de départ. On sait que mécaniquement, automatiquement, tout officier des troupes de marine, au bout du temps de séjour colonial, deux ans, trois ans au maximum, est rappelé en France, quelle que soit la besogne qu'il est en train d'accomplir. Et il ne peut compter que sur le hasard pour revenir à la tâche commencée. Il a laissé à Madagascar ou au Tonkin un secteur en pleine formation, il s'y est donné corps et âme, il est plein de son œuvre, il ne demande qu'à la poursuivre. Le tour prochain l'enverra faire du service de place à la Martinique ou à la Réunion. Cette instabilité est aujourd'hui une des choses les plus décourageantes, aussi bien pour l'officier voué à son œuvre, que pour ses chefs. Ah ! je connais l'objection : c'est qu'il ne faut pas s'user aux colonies, que trois ans représentent le maximum de temps pour un rendement utile, et qu'après ce délai, il est nécessaire de venir se retremper dans la métropole. Soit ! Mais alors pourquoi ne pas introduire dans l'armée coloniale, comme il a lieu pour les fonctionnaires civils, le droit au congé administratif, pendant lequel on reste titulaire de son poste, où l'on est assuré de retourner, après s'être revivifié à l'air de

France, après aussi y avoir mis à profit son séjour pour le bien de sa circonscription ? Combien sais-je d'officiers, aujourd'hui en France, qui ne demandent qu'à rallier leur ancien poste et ne se consolent pas à l'idée que ce n'est pas eux qui voient pousser leurs pépinières, leurs rizières, leurs maisons ? Ils ont le *mal du pays à rebours*. Est-ce là un facteur négligeable ?

On s'étonne parfois qu'il n'y ait pas un plus grand nombre d'officiers qui étudient les langues coloniales. Est-ce donc encourageant d'apprendre le malgache, si l'on ne doit plus l'utiliser qu'avec des Chinois ? Ce qui est au contraire surprenant, c'est que, dans ces conditions, autant d'officiers encore prennent à cœur l'étude de ces langues et, d'ailleurs, d'une manière générale, qu'autant d'entre eux se donnent comme ils le font, à plein collier, au développement de leur région, comme s'ils devaient y attacher leur vie et leur nom. Il est vrai qu'ils appartiennent, pour la plupart, à l'arme de tous les héroïsmes et de toutes les abnégations, j'ai nommé l'infanterie de marine. Souhaitons donc que les facilités les plus grandes pour la prolongation de séjour soient laissées dans l'organisation nouvelle à tout officier dont la santé le permet ; que le *congé* soit prévu et enfin que, dans la plus large mesure, les officiers qui le désirent restent affectés à la même colonie. Cette mesure ne peut être absolue, il convient de laisser un débouché aux curieux et aux inquiets, et d'ailleurs au début d'une carrière, les expériences de colonies diverses se contrôlent l'une l'autre : mais, d'une manière générale, la conception la plus logique et la plus féconde, la plus vraiment coloniale, c'est celle d'une armée du Soudan, d'une armée de Madagascar, d'une armée d'Indo-Chine, ainsi que d'autres nations nous en donnent l'exemple.

Enfin, il est une dernière considération qui exige que la direction suprême de cette armée soit bien autonome et surtout *très, très coloniale*. C'est que la base d'appréciation des services rendus ne peut pas, *ne doit pas* y être la même que pour les services militaires métropolitains.

Et cela est évident, puisque les deux armées n'ont pas le même rôle, et, si elles avaient le même rôle, point ne serait besoin d'armée coloniale, il suffirait d'*armée aux colonies*.

Il faut avoir été aux colonies pour savoir que le plus vrai mérite y réside dans les labeurs qui trouvent ici le plus difficilement leur sanction. Il n'est pas bon que le motif trop exclusif de récompense soit le « fait de guerre ».

On comprendra sans qu'il soit besoin d'insister.

Croit-on qu'il faille nulle part une plus grande dépense d'énergie, d'endurance, d'autorité, qu'il n'en faut à l'officier chargé de la construction d'une route en pays sauvage ? Il passe des mois, des années parfois, dans des abris improvisés, miné par la fièvre, compagne inséparable de tels travaux, allant d'un chantier à l'autre, n'obtenant qu'à force d'énergie, d'exemple, de volonté imposée, le rendement maximum de son personnel. Croit-on qu'il ne faille pas plus d'autorité, de sang-froid, de jugement, de fermeté d'âme, pour maintenir dans la soumission, sans tirer un coup de fusil, une population hostile et frémissante, que pour la réduire à coups de canon une fois soulevée ?

Qu'on me permette d'évoquer à ce sujet le souvenir d'un commandant d'infanterie de marine. Chargé, il y a un an, de soumettre une région sakalave insurgée, il s'était fait une loi absolue d'épargner, de pacifier, de ramener cette population. Je le revois abordant un village hostile, et, malgré les coups de fusil de l'ennemi, déployant toute son autorité à empêcher qu'un seul coup ne partît de nos rangs, et y réussissant, ce qui, avec des tirailleurs sénégalais, n'était pas facile. Je le revois, lui et ses officiers, en avant, à petite portée de la lisière des jardins, la poitrine aux balles, et, avec ses émissaires et ses interprètes, multipliant les appels et les encouragements. Et comme cet officier était aussi un très bon et très habile militaire et qu'il avait pris d'heureuses dispositions, menaçant les communications, rendant difficile l'évacuation des troupeaux, il réussit, après des heures de la plus périlleuse palabre, à obtenir qu'un Sakalave se décidât à sortir des abris et à entrer en pourparlers. Et ce fut la joie aux yeux que, le soir venu, il me présenta le village réoccupé, en fête, les habitants fraternisant avec notre bivouac, à l'abri du drapeau tricolore, emblème de paix. A peine de retour en France, il y a quelques mois, le commandant Ditte a succombé aux fatigues accumulées pendant cette campagne ; et ce n'est plus qu'à une tombe que va l'hommage ici rendu à ce bon et loyal ouvrier.

Eh bien, croit-on que non seulement le résultat n'ait été plus fécond, mais encore qu'il n'ait pas fallu plus de fermeté et de courage, au sens propre du terme, pour faire une telle besogne que pour se donner le facile mérite d'enlever d'assaut ce village sakalave ?

Ce qu'il faut souhaiter, c'est que de tels actes

puissent être qualifiés *actions d'éclat* dans l'armée coloniale de demain.

Nous avons essayé de donner, très sommairement et imparfaitement, une conception de l'emploi colonial de l'armée. Ce n'est pas une théorie spéculative. Des années et de vastes champs d'expérience l'ont déjà sanctionnée. A voir, en vivant de leur vie, nos petits soldats marquer de leur trace personnelle tant de points du globe, à retrouver leurs noms, comme ceux des légionnaires romains, gravés au seuil des voies nouvelles qu'ils ouvrent aux transactions des hommes, on se reprend aux longs desseins et aux espoirs impériaux.

Certes, ce n'est empiéter ici sur aucun domaine réservé que de constater autour de nous beaucoup d'inquiétudes et de motifs d'inquiétude. Il est impossible, pour peu qu'on mette le pied hors de France, de ne pas constater par toute la terre les fluctuations de nos méthodes et le recul de notre action. C'est simple affaire de statistique de compter à Singapore, à Colombo, à Hong-Kong, à Zanzibar, les maisons nouvelles qui s'ouvrent d'une année à l'autre et de constater qu'elles ne sont pas françaises. La vie du dehors aussi nous apporte nos heures de doute et d'angoisse. Mais après cette part, qu'il est sage de faire très large, au pessimisme, ouvrons la porte aux espoirs réconfortants en constatant, sur tous les champs du monde, la valeur persistante, sinon croissante du Français *individu*. Quels que soient les obstacles apportés à chaque pas à son développement et à son initiative, il est toujours là. Chez tous, colons, administrateurs, soldats, missionnaires, c'est la même endurance, le même ressort, le même rebondissement sous la mauvaise fortune, la même belle humeur. Ah ! la belle pâte d'hommes !

A l'un des derniers repas officiels que nous fîmes à Madagascar, un consul étranger, notre voisin, nous demanda de qui était le charmant dessin qui illustrait notre « menu. » « C'est l'œuvre d'un sous-officier. — Ils font donc tout, vos sous-officiers ! Je les ai vus contremaîtres, instituteurs, agronomes, guerriers, ils sont donc bons à tout ! »

Oui, ils sont bons à tout et tous les autres aussi, soldats, colons, qui portent par le monde les inépuisables ressources de notre race. Attachés à l'œuvre locale, dégagés des mauvais bruits de la métropole, exaltés par le résultat immédiat de l'action directe, par la responsabilité du commandement, ils sont tous des hommes de devoir actif et précis. Et s'il n'y avait pas tant de raisons d'un autre ordre, c'en serait déjà une pour donner sa foi à l'œuvre coloniale, cette incomparable pépinière d'énergies et de volontés qui ne peuvent pas être un capital perdu.

Armand COLIN & Cie, Éditeurs, Paris.

La Nation et l'Armée, par UN COLONEL.
Un volume in-18 jésus, broché....... **2 »**

PREMIÈRE PARTIE. — **Le désaccord** : Le parti de l'armée. Symptômes dans l'armée et dans le public.

DEUXIÈME PARTIE. — **Les causes** : Prétendue incompatibilité entre l'armée et la République. Exemples d'armées républicaines 1792. Armées romaines. Miribel, Galliffet, Gambetta. Le régime républicain, garantie de la dignité individuelle des officiers. L'armée dans une tour d'ivoire. Danger de cet isolement. La loi Burdeau. Son inutilité. Effet moral désastreux sur les officiers de rang moyen. Encore la loi Burdeau. Autres intérêts des officiers lésés ou menacés. Toujours isolés et sacrifiés. Toujours mécontents. « Væ solis ! » Isolement des officiers dans les départements et dans la commune. La crise de l'avancement, etc.

TROISIÈME PARTIE. — **Les remèdes** : La répartition de l'avancement. Le recrutement des généraux. Débouchés nécessaires. Recruter les civils dans l'armée. Les retraites anticipées, les congés, les officiers de réserve remplacés par des réserves d'officiers. Encadrement de nos réserves. Renvoi d'officiers jeunes dans la vie civile. Avantages pour l'armée et la nation. L'état des officiers. L'état des sous-officiers. Les réserves. Le recrutement. Droits politiques des militaires professionnels. Représentation des militaires professionnels.

Le général Lapasset (Algérie-Metz, 1817-1875), par UN ANCIEN OFFICIER DE L'ARMÉE DU RHIN. 2 volumes in-8°, avec *2 cartes hors texte, portraits et reproductions hors texte,* en héliogravure, brochés............ **20 »**

Ces 2 volumes ne sont pas vendus séparément.

Armand COLIN & Cie, Éditeurs, Paris.

La Jeunesse de Napoléon, par
M. ARTHUR CHUQUET. 3 volumes :
* **Brienne.** In-8° cavalier, avec 3 planches hors texte, broché.............. **7 50**
** **La Révolution.** In-8° cavalier, broché............................ **7 50**
*** **Toulon.** In-8° cavalier, broché. **7 50**

Tableaux historiques illustrés des Régiments de l'Armée française,
publication autorisée par M. le Ministre de la Guerre. Un tableau par régiment : *175 tableaux parus*. Chaque tableau, *tiré en couleur* (0,^{m} 60 × 0,^{m} 45)............. **0 40**
Envoi franco d'un tableau contre **50** *centimes*.

Tableaux muraux d'Instruction militaire,
pour toutes armes (7 tableaux parus) : 1. Fanions et lanternes. — 2. Brassards. — 3. Honneurs dus aux décorations. — 4. Décorations militaires. — 5. Décorations françaises. — 6. Honneurs dus aux corps constitués. — 7. Code de justice militaire. Chaque tableau, *tiré en couleur* (0,^{m} 90 × 0,^{m} 65)..... **0 75**
Envoi franco d'un tableau contre **1** *franc.*

LES BOERS

Et les Races de l'Afrique Australe

PAR LE

Docteur R. VERNEAU

DU MUSÉUM D'HISTOIRE NATURELLE DE PARIS

Un vieux Boer.

Commissioners' Street à Johannesburg.

(Voir au verso)

Armand COLIN et Cie, Éditeurs, 5, rue de Mézières, PARIS

Lire dans la LIVRAISON du 15 Décembre :

de la REVUE GÉNÉRALE DES SCIENCES

Les Boers et les Races de l'Afrique Australe,
par M. le Docteur R. VERNEAU,

du Muséum d'Histoire Naturelle de Paris. 20 pages grand in-8°, ornées de 22 Reproductions photographiques.

La livraison . . . . 1 fr. 25

M. le docteur R. VERNEAU vient de faire paraître, dans la *Revue générale des Sciences*, une ÉTUDE D'ENSEMBLE sur la région de l'Afrique qui attire actuellement tous les regards.

« WAGON » À BŒUFS DES BOERS.

Il passe successivement en revue le pays et les habitants, Boschimans, Hottentots, Cafres et Boers. Remontant à leurs origines, il raconte à grands traits leur histoire. En ce qui concerne plus particulièrement les Boers, il insiste sur la façon dont ils se sont établis dans leur patrie actuelle, et fait connaître en détail les ressources naturelles qu'ils y trouvent, leur agriculture, leurs industries, leurs mœurs et leur civilisation.

Des PHOTOGRAPHIES, tout récemment faites, représentent les vaillantes populations que décrit l'éminent savant, et mettent sous les yeux du Lecteur leurs campagnes, leurs villes et leurs monuments.

PRIX de la LIVRAISON : 1 fr. 25 c.

EN VENTE CHEZ TOUS LES LIBRAIRES

1777. — aris — Imp. Hemmerlé et Cie

Armand COLIN et Cⁱᵉ, Éditeurs, Paris

QUESTIONS DU TEMPS PRÉSENT

Brochures in-16, prix 1 fr.

La Politique coloniale de la France. *L'âge de l'agriculture*, par M. J. CHAILLEY-BERT.
L'Émigration des Femmes aux Colonies, par M. J. CHAILLEY-BERT.
L'Education et les Colonies, par M. J. CHAILLEY-BERT.
Le Baccalauréat et l'Enseignement secondaire, *Projet de réforme*, par M. E. BOUTMY.
L'Éducation de la Démocratie, par M. JULES PAYOT.
Le Devoir présent, par M. PAUL DESJARDINS.
Le Rôle social des Universités, par M. MAX LECLERC.
L'Ame française et les Universités nouvelles, selon l'esprit de la Révolution, par M. JEAN IZOULET.
M. Brunetière et l'Individualisme, par M. A. DARLU.
Littérature et Conférences populaires, par M. PAUL CROUZET.
Lettres d'un économiste classique à un agriculteur souffrant, par M. ERNEST BRELAY.
Le Parti modéré; *ce qu'il est, ce qu'il devrait être*, par M. JEAN-PAUL LAFFITTE.
Les Grèves et la Conciliation, par M. ARTHUR FONTAINE.
Le Monde socialiste. *Groupes et programmes*, par M. LÉON DE SEILHAC.
La Lutte contre le Socialisme révolutionnaire, par M. GEORGES PICOT.
L'État et l'Église, par M. CHARLES BENOIST.
Ce qu'on va chercher à Rome, par M. OLLÉ-LAPRUNE.
Autour de la Conférence interparlementaire, par M. GASTON MOCH.
Le Problème de la Dépopulation, par M. le Dʳ JACQUES BERTILLON.
Une voix d'Alsace, par IGNOTISSIMUS.
Droit de conquête et plébiscite, par M. JEAN HEIMWEH.
L'Alsace-Lorraine et la paix. La dépêche d'Ems, par M. JEAN HEIMWEH.
La Guerre et la Frontière du Rhin; la Solution, par M. JEAN HEIMWEH.
La Parole soit à l'Alsace-Lorraine, par M. JEAN HEIMWEH.
Allemagne, France, Alsace-Lorraine, par M. JEAN HEIMWEH.

Coulommiers. — Imp. PAUL BRODARD. — 174-1900

www.ingramcontent.com/pod-product-compliance
Lightning Source LLC
LaVergne TN
LVHW022143080426
835511LV00007B/1233